COMMENT ARRÊTER DE SURPENSER DANS LES RELATIONS

Un guide pratique pour surmonter les pensées toxiques, améliorer la communication et cultiver la paix dans votre relation.

Alex Marlowe

Clause de non-responsabilité

Les informations fournies dans ce livre sont uniquement à des fins éducatives et informatives. Il n'est pas destiné à remplacer les conseils, diagnostics ou traitements professionnels. Demandez toujours l'avis de professionnels qualifiés concernant tout problème médical, psychologique ou éducatif.

L'auteur et l'éditeur de ce livre ont tout mis en œuvre pour garantir que les informations présentées sont exactes et à jour. Cependant, ils ne font aucune déclaration ou garantie d'aucune sorte, expresse ou implicite, quant à l'exhaustivité, l'exactitude, la fiabilité, l'adéquation ou la disponibilité des informations contenues dans ce document.

Toute confiance que vous accordez aux informations contenues dans ce livre est strictement à vos propres risques. L'auteur et l'éditeur déclinent toute responsabilité pour toute perte ou dommage résultant de l'utilisation des informations fournies dans ce livre.

Bien que tous les efforts aient été déployés pour représenter avec précision les expériences et les opinions des personnes mentionnées dans ce livre, elles reflètent uniquement les opinions des auteurs et ne reflètent pas nécessairement celles de l'éditeur. Toute ressemblance avec des personnes réelles, vivantes ou décédées, ou avec des événements réels est purement fortuite.

TABLE DES MATIÈRES

Contenu

Introduction

Dans le domaine des relations, notre esprit peut souvent s'emmêler dans un réseau de pensées, tissant des modèles complexes d'inquiétude, de doute et de spéculation. Ce phénomène, communément appelé réflexion excessive, a le pouvoir de jeter une ombre sur le paysage autrement lumineux de l'amour et de la connexion.

Définir la réflexion excessive dans les relations

Imaginez ceci : Sarah est assise en face de son partenaire, Jake, dans un café confortable, l'arôme du café fraîchement moulu persistant dans l'air. Alors qu'ils engagent une conversation, l'esprit de Sarah s'éloigne, pris dans un tourbillon de scénarios hypothétiques et de questions sans réponse. "Est-ce que j'ai mal parlé ?" » interroge-t-elle silencieusement. "Est-ce que l'amour de Jake pour moi demeure ?" Ces pensées fugaces laissent derrière elles un malaise persistant dans son cœur.

Dans sa forme la plus simple, la réflexion excessive dans les relations peut être définie comme la tendance à analyser et à ruminer de manière excessive tous les aspects de ses interactions avec un partenaire. Qu'il s'agisse d'examiner les messages texte à la recherche de significations cachées ou de rejouer des conversations à la recherche de affronts perçus, la réflexion excessive peut se manifester de multiples façons, souvent alimentée par l'insécurité, la peur ou les expériences passées.

Pourquoi trop réfléchir peut être préjudiciable
Voyons maintenant pourquoi une réflexion excessive peut constituer une menace importante pour la santé et le bonheur d' une relation. Imaginez une fleur délicate, soigneusement entretenue et entretenue avec amour et soin. Tout comme un arrosage excessif peut noyer les racines et étouffer

leur croissance, une réflexion excessive peut également noyer les liens de confiance et d'intimité qui constituent le fondement d'un partenariat solide.

Une réflexion excessive peut créer une barrière entre les partenaires, entravant une communication ouverte et favorisant un sentiment de distance et d'incompréhension. Cela peut éroder le tissu de confiance, conduisant à des sentiments d'insécurité et de doute qui sapent l'essence même de l'amour et de la connexion. De plus, le tourbillon constant de pensées négatives peut épuiser les réserves mentales et émotionnelles d'une personne, laissant peu de place à la joie et à l'appréciation véritables dans la relation.

Dans les pages qui suivent, nous nous lancerons dans un voyage pour démêler les complexités de la réflexion excessive dans les relations et découvrir des stratégies pratiques pour retrouver la tranquillité d'esprit et entretenir des relations plus saines. Mais avant de plonger dans les profondeurs de cette exploration, arrêtons-nous pour réfléchir à une histoire poignante qui illustre l'impact profond de la réflexion excessive sur le cœur humain.

Comprendre les causes profondes

Dans notre quête pour démêler les subtilités de la réflexion excessive dans les relations, il est crucial d'approfondir les causes sous-jacentes qui contribuent à ce phénomène omniprésent. En mettant en lumière ces éléments fondamentaux, nous pouvons obtenir des informations précieuses sur les origines de la réflexion excessive et commencer à ouvrir la voie à la guérison et à la transformation.

Explorer les expériences passées et les traumatismes

L'un des principaux facteurs qui peuvent alimenter une réflexion excessive dans les relations est le résidu d'expériences et de traumatismes passés. Comme des échos silencieux se répercutant dans les couloirs de l'esprit, les blessures non résolues résultant de relations antérieures ou d'expériences d'enfance peuvent jeter une ombre sur nos interactions actuelles avec des partenaires romantiques.

Imaginez une jeune femme nommée Emily, dont la relation précédente a été entachée de trahison et de chagrin. Même si elle trouve du réconfort dans les bras d' un nouveau partenaire, les cicatrices de son passé persistent comme des fantômes dans l'ombre, murmurant des histoires de trahison et d'abandon. Alors qu'elle navigue sur le terrain de sa relation actuelle, Emily se retrouve hantée par des peurs et des soupçons irrationnels, incapable de faire pleinement confiance ou d'abandonner le passé.

Pour des individus comme Emily, la peur que l'histoire se répète peut devenir un puissant catalyseur de réflexion excessive. Chaque message texte ambigu ou appel manqué devient un signe avant-coureur potentiel de trahison, déclenchant un cycle incessant de rumination et d'anxiété. Sans s'attaquer aux blessures sous-jacentes et aux insécurités découlant des expériences passées, une réflexion excessive peut devenir un saboteur insidieux, sapant le potentiel d'une véritable connexion et d'une intimité dans les relations.

Attentes irréalistes et peur de l'échec

Une autre cause courante de réflexion excessive dans les relations est la présence d'attentes irréalistes et une peur profonde de l'échec. Dans un monde inondé de notions romancées d'amour et de perfection, de nombreux individus se retrouvent aux prises avec des normes et des idéaux inaccessibles imposés par la société, les médias ou leur propre critique intérieur.

Prenons le cas de James, un jeune homme dont la perception de l'amour a été façonnée par les contes de fées et les romances hollywoodiennes. Alimenté par une recherche incessante de la perfection, James se retrouve pris dans un cycle perpétuel de doute de soi et d'examen minutieux, remettant constamment en question ses actions et ses paroles dans une tentative désespérée d'être à la hauteur d' un niveau d'amour inaccessible.

Pour des individus comme James, la peur de ne pas être à la hauteur ou de décevoir son partenaire peut devenir un terrain fertile pour trop réfléchir. Chaque revers ou désaccord mineur est amplifié en un échec catastrophique, déclenchant une cascade de pensées et de doutes autocritiques. Sans cultiver une vision réaliste et compatissante d'eux-mêmes et de leurs relations, les individus peuvent se retrouver piégés dans un cycle sans fin de réflexion excessive et d'auto-sabotage.

Manque de confiance et de communication

Enfin, la présence de problèmes sous-jacents liés à la confiance et à la communication contribue grandement à une réflexion excessive dans les relations. Au cœur de toute relation saine se trouve un fondement de confiance et d'ouverture, où les partenaires se sentent en sécurité lorsqu'ils expriment leurs pensées, leurs sentiments et leurs vulnérabilités.

Cependant, lorsque la confiance est compromise ou que la communication est interrompue , cela peut créer un terrain fertile pour qu'une réflexion excessive prenne racine. Imaginez un couple, Sarah et Michael, dont le lien autrefois solide a été érodé par une série de malentendus et de problèmes de communication. Alors que les doutes et les soupçons commencent à s'envenimer dans l'espace qui les sépare, Sarah se retrouve consumée par un barrage constant de questions et d'incertitudes, incapable de trouver du réconfort ou de la clarté dans les paroles ou les actions de son partenaire.

Dans des situations comme celles-ci, la réflexion excessive devient un mécanisme d'adaptation – une tentative désespérée de donner un sens au chaos et à l'incertitude qui tourbillonnent au sein de la relation. Chaque incohérence ou divergence perçue devient un sujet de rumination, érodant davantage la confiance et la connexion fragiles entre les partenaires.

En conclusion, comprendre les causes profondes de la réflexion excessive dans les relations est une première étape cruciale pour se libérer de son emprise. En reconnaissant l'influence des expériences passées, des attentes irréalistes et des pannes de communication, les individus peuvent commencer à cultiver un sentiment plus profond de conscience de soi et de compassion au sein de leurs relations. Dans les chapitres qui suivent, nous explorerons des stratégies pratiques pour s'attaquer à ces causes profondes et retrouver la tranquillité d'esprit et l'authenticité dans nos relations avec les autres.

Reconnaître les modèles de réflexion excessive

Dans notre voyage pour surmonter la réflexion excessive dans les relations, il est essentiel de développer une conscience aiguë des modèles et des comportements qui caractérisent ce phénomène omniprésent. En mettant en lumière ces boucles de pensée récurrentes et en identifiant les déclencheurs et les signes avant-coureurs qui les précèdent, les individus peuvent acquérir des informations précieuses sur leurs processus de pensée et prendre des mesures proactives pour se libérer de l'emprise de la réflexion excessive.

Boucles de pensée et scénarios courants

L'une des caractéristiques de la réflexion excessive est la présence de pensées répétitives, de boucles et de scénarios qui se déroulent dans l'esprit comme un disque rayé. Ces schémas de pensée se concentrent souvent sur les thèmes du doute, de l'insécurité et de la peur, perpétuant un cycle de rumination auquel il peut être difficile d'échapper.

Considérez les scénarios suivants :

1. Le piège du perfectionniste : les individus en proie au perfectionnisme peuvent se retrouver piégés dans un cycle incessant d'autocritique et d'examen minutieux, s'efforçant constamment d'atteindre des normes de perfection impossibles dans leurs relations. Chaque défaut ou faux pas mineur est amplifié en un échec catastrophique, déclenchant une cascade de pensées négatives et de doutes.

2. Le catastrophiseur : Pour certaines personnes, la réflexion excessive prend la forme d'une pensée catastrophique, dans laquelle des revers ou des désaccords mineurs se transforment de manière disproportionnée en pires scénarios. Chaque message texte ambigu ou appel manqué devient la preuve d'un désastre imminent, remplissant un sentiment de malheur et d'anxiété imminents.

3. Le lecteur de pensées : en l'absence de communication claire ou de réconfort de la part de leur partenaire, les individus peuvent se retrouver à recourir à la lecture de pensées, en faisant des hypothèses ou en attribuant des motifs aux actions de leur partenaire en fonction de leurs propres insécurités et peurs. Cela peut conduire à un cycle de méfiance et d'incompréhension, exacerbant encore le cycle de réflexion excessive.

En reconnaissant ces boucles de pensée et ces scénarios courants, les individus peuvent commencer à démêler la toile de la réflexion excessive et à remettre en question les croyances et hypothèses irrationnelles qui l'alimentent.

Identifier les déclencheurs et les signes avant-coureurs

En plus de reconnaître les schémas de pensée courants, il est essentiel d'identifier les déclencheurs et les signes avant-coureurs qui précèdent les épisodes de réflexion excessive. Ces déclencheurs peuvent varier considérablement d'une personne à l'autre et peuvent être enracinés dans des expériences passées, des insécurités ou des facteurs de stress externes.

Certains déclencheurs et signes avant-coureurs courants d'une réflexion excessive comprennent :

- **Déclencheurs émotionnels :** Certaines émotions, telles que la peur, l'insécurité ou la colère, peuvent servir de déclencheurs puissants pour une réflexion excessive. Les individus peuvent se retrouver plongés dans la rumination lorsqu'ils sont confrontés à des situations ou à des interactions qui évoquent des émotions intenses.

- **Symptômes physiques :** faites attention à tous les symptômes ou sensations physiques qui accompagnent les épisodes de réflexion excessive, tels que la tension dans le corps, l'accélération du rythme cardiaque ou la respiration superficielle. Les signaux physiques peuvent servir de signes avant-coureurs indiquant qu'une réflexion excessive pourrait s'installer .

- **Modèles comportementaux :** remarquez tout comportement récurrent ou mécanisme d'adaptation qui a tendance à accompagner une réflexion excessive, comme chercher à se rassurer auprès des autres, éviter les conversations difficiles ou s'engager dans des comportements compulsifs comme consulter les réseaux sociaux ou ruminer des événements passés.

En développant une conscience accrue de ces déclencheurs et signes avant-coureurs, les individus peuvent apprendre à intercepter le cycle de réflexion excessive avant qu'il ne devienne incontrôlable. Dans les chapitres qui suivent, nous explorerons des stratégies pratiques pour nous libérer de ces schémas et retrouver la tranquillité d'esprit dans nos relations.

L'impact sur les relations

Alors que nous naviguons dans la danse complexe de l'amour et de la connexion, une réflexion excessive peut jeter une ombre sur le paysage autrefois lumineux de nos relations. Dans cette section, nous explorerons l'impact profond qu'une réflexion excessive peut avoir sur la dynamique des relations, des ruptures de communication à l'érosion de la confiance et de l'intimité, en passant par le cycle destructeur de conflits qui s'ensuit souvent.

Comment la réflexion excessive affecte la communication

Une communication efficace est au cœur de toute relation saine, servant de pierre angulaire sur laquelle se construisent la confiance, la compréhension et l'intimité. Cependant, lorsqu'une réflexion excessive s'installe, elle peut créer des obstacles à une communication ouverte et honnête, entravant le flux du dialogue et favorisant un sentiment de déconnexion entre les partenaires.

L'une des façons dont la réflexion excessive affecte la communication est d'alimenter un cycle de mauvaises interprétations et de malentendus. Imaginez un scénario dans lequel Sarah reçoit un message texte de son partenaire, John, qui dit simplement : « Nous devons parler ». Au lieu de chercher des éclaircissements ou d'aborder la conversation avec un esprit ouvert, l'esprit de Sarah s'enfonce immédiatement dans une frénésie de spéculation et d'inquiétude. "Qu'est-ce que j'ai fait de mal ? Est-ce qu'il rompt avec moi ?" Ces pensées intrusives nuisent non seulement à la capacité de Sarah à engager un dialogue significatif avec John, mais créent également des tensions et de l'anxiété inutiles dans la relation.

De plus, une réflexion excessive peut conduire à un modèle d'évitement et de retrait, dans lequel les individus hésitent à exprimer leurs véritables pensées et sentiments par peur du rejet ou du jugement. Dans un effort pour éviter les conflits ou l'inconfort, les partenaires peuvent recourir à un comportement passif-agressif ou à une distance émotionnelle, aggravant encore la rupture de la communication.

En reconnaissant la manière dont une réflexion excessive peut saboter la communication dans les relations, les individus peuvent commencer à cultiver un plus grand sens de conscience et de pleine conscience dans leurs interactions avec leurs partenaires. Grâce à des pratiques telles que l'écoute active, l'empathie et la communication assertive, les couples peuvent favoriser une connexion plus profonde et une compréhension qui transcende les barrières de la réflexion excessive.

Dommages à la confiance et à l'intimité

La confiance et l'intimité sont l'élément vital de toute relation significative, servant de fondement sur lequel les liens émotionnels se forment et se nourrissent. Cependant, lorsqu'une réflexion excessive prend racine, elle peut éroder les fondements de la confiance et de l'intimité, laissant derrière elle une traînée de doute et d'insécurité.

L'une des façons dont une réflexion excessive nuit à la confiance et à l'intimité est de favoriser un climat de suspicion et de méfiance entre les partenaires. Imaginez un scénario dans lequel Mark remarque que sa partenaire, Emily, passe plus de temps que d'habitude sur son téléphone. Au lieu d'aborder la situation avec curiosité et ouverture, l'esprit de Mark saute immédiatement aux conclusions, imaginant les pires scénarios et remettant en question la loyauté et la fidélité d'Emily. Ce cycle de méfiance crée non seulement des tensions et du ressentiment dans la relation, mais mine également le sentiment de sécurité et de proximité qui est essentiel au développement de l'intimité.

De plus, une réflexion excessive peut conduire à un modèle de distance et de détachement émotionnel, où les partenaires hésitent à s'investir pleinement dans la relation par peur d'être blessés ou rejetés. En remettant constamment en question les intentions et les motivations de leur partenaire, les individus peuvent se retrouver retenus émotionnellement, incapables de faire pleinement confiance ou de se connecter avec leur partenaire à un niveau plus profond.

En reconnaissant la manière dont une réflexion excessive peut nuire à la confiance et à l'intimité dans les relations, les individus peuvent commencer à cultiver un plus grand sentiment de vulnérabilité et d'authenticité avec leurs partenaires. Grâce à des pratiques telles que la communication ouverte, la vulnérabilité et le pardon, les couples peuvent reconstruire la confiance et l'intimité brique par brique, jetant ainsi les bases d'une relation plus forte et plus résiliente.

Le cycle de la réflexion excessive et des conflits

Le conflit est une partie inévitable de toute relation, servant de creuset à travers lequel les différences sont exprimées et les résolutions sont forgées. Cependant, lorsqu'une réflexion excessive entre en scène, elle peut aggraver le conflit vers de nouveaux sommets, transformant des désaccords mineurs en champs de bataille majeurs et exacerbant le cycle de discorde et de tension.

L'une des façons dont une réflexion excessive alimente les conflits est d'amplifier les affronts et les griefs perçus, de transformer les taupinières en montagnes et d'augmenter les tensions inutilement. Imaginez un scénario dans lequel Alex et Sarah discutent des projets pour le week-end. Lorsqu'Alex suggère de sortir avec des amis au lieu de passer du temps seuls ensemble, l'esprit de Sarah saute immédiatement aux conclusions, interprétant la suggestion d'Alex comme un signe qu'elle n'apprécie pas leur relation. Au lieu d'exprimer ses inquiétudes ouvertement et honnêtement, Sarah se retire dans le silence, permettant au ressentiment et à la colère de s'envenimer sous la surface.

De plus, une réflexion excessive peut conduire à un modèle de attitude défensive et de rejet de la faute , dans lequel les individus rejettent la responsabilité de leurs propres pensées et actions sur leur partenaire. En projetant leurs insécurités et leurs peurs sur leur partenaire, les individus peuvent par inadvertance déclencher une réponse défensive, aggravant encore le conflit et creusant un fossé entre eux.

En reconnaissant la manière dont une réflexion excessive perpétue le cycle de conflit dans les relations, les individus peuvent commencer à cultiver un plus grand sentiment de conscience de soi et de régulation émotionnelle. Grâce à des pratiques telles que la pleine conscience, l'empathie et les compétences en résolution de conflits, les couples peuvent apprendre à naviguer dans les conflits avec grâce et compassion, transformant les moments de discorde en opportunités de croissance et de connexion.

Stratégies pratiques pour surmonter la réflexion excessive

Dans notre quête pour retrouver la tranquillité d'esprit et l'authenticité dans nos relations, il est essentiel de nous armer de stratégies pratiques pour surmonter l'emprise de la réflexion excessive. Dans cette section, nous explorerons trois approches puissantes – techniques de pleine conscience et d'ancrage, exercices de thérapie cognitivo-comportementale (TCC), ainsi que fixer des limites et donner la priorité à l'autonomie – qui peuvent permettre aux individus de se libérer du cycle de rumination et de cultiver des modèles plus sains. de pensée et de comportement.

Techniques de pleine conscience et de mise à la terre

À la base, la pleine conscience est la pratique consistant à cultiver la conscience du moment présent et l'acceptation sans jugement de ses pensées, sentiments et sensations. En nous ancrant dans le moment présent, nous pouvons nous désengager du flux incessant de réflexions excessives et cultiver un sentiment de calme et de clarté au milieu du chaos de notre esprit.

Une technique de pleine conscience puissante pour surmonter la réflexion excessive est la pratique de l'ancrage. Les techniques d'ancrage consistent à s'ancrer dans le moment présent en se concentrant sur des expériences sensorielles telles que la respiration, les sensations corporelles ou l'environnement. Par exemple, les individus peuvent pratiquer des exercices de respiration profonde, en se concentrant sur la sensation de l'air entrant et sortant du corps, ou s'engager dans une relaxation musculaire progressive, en testant et en relâchant systématiquement chaque groupe musculaire du corps.

Une autre technique d'ancrage est la pratique de la conscience sensorielle, où les individus se connectent délibérément à leurs cinq sens pour s'ancrer dans le moment présent. Par exemple, les individus peuvent pratiquer une alimentation consciente, en savourant chaque bouchée de nourriture et en remarquant le goût, la texture et l'arôme, ou faire une promenade en pleine conscience, en prêtant attention aux images, aux sons et aux sensations du monde naturel qui les entoure.

En incorporant des techniques de pleine conscience et d'ancrage dans leur routine quotidienne, les individus peuvent cultiver un plus grand sentiment de présence et de conscience, se libérer du cycle de réflexion excessive et se reconnecter à la richesse de la vie ici et maintenant.

Exercices de thérapie cognitivo-comportementale (TCC)

La thérapie cognitivo-comportementale (TCC) est une approche largement étudiée et fondée sur des preuves pour traiter la réflexion excessive et d'autres problèmes de santé mentale. La TCC fonctionne sur le principe selon lequel nos pensées, nos sentiments et nos comportements sont interconnectés et qu'en changeant nos pensées, nous pouvons influencer nos émotions et nos actions.

Une technique courante de TCC pour surmonter la réflexion excessive est la restructuration cognitive, qui implique d'identifier et de combattre les pensées irrationnelles ou déformées qui contribuent à la réflexion excessive. Par exemple, les individus peuvent pratiquer la surveillance de la pensée, où ils observent et enregistrent systématiquement leurs pensées dans un journal, identifiant les schémas de pensée négative et les distorsions cognitives telles que la catastrophisation, la pensée en noir et blanc ou la lecture dans les pensées.

Une fois les modèles identifiés, les individus peuvent alors s'efforcer de remettre en question et de recadrer leurs pensées en utilisant des techniques fondées sur des données probantes telles que la remise en question de la pensée et la restructuration cognitive. Par exemple, les individus peuvent se poser des questions telles que : « Y a-t-il des preuves pour étayer cette pensée ? » ou "Que dirais-je à un ami qui pense de cette façon?" En remettant en question leurs pensées pessimistes et en les remplaçant par des alternatives plus équitables et pragmatiques, les individus peuvent initier le processus de libération de la rumination excessive et favoriser un sentiment accru d'adaptabilité cognitive et de résilience.

En plus de la restructuration cognitive, la TCC intègre également des techniques comportementales telles que la prévention de l'exposition et des réponses (ERP) et l'activation comportementale, qui impliquent de se confronter progressivement à des situations redoutées ou de s'engager dans des activités agréables pour contrer les comportements d'évitement et de retrait associés à une réflexion excessive.

En intégrant des exercices de TCC dans leur routine quotidienne, les individus peuvent apprendre à reconnaître et à remettre en question les pensées et les croyances déformées qui alimentent la réflexion excessive, en les remplaçant par des modèles de pensée et de comportement plus adaptatifs qui favorisent un plus grand bien-être émotionnel et une plus grande résilience.

Fixer des limites et donner la priorité aux soins personnels

Enfin, fixer des limites et donner la priorité aux soins personnels sont des éléments essentiels pour surmonter la réflexion excessive et cultiver des relations plus saines. Les limites sont des lignes invisibles qui délimitent notre espace personnel, nos valeurs et nos limites, nous protégeant du mal et garantissant que nos besoins sont liés aux relations.

Un défi courant pour les personnes qui ont du mal à trop réfléchir est la tendance à se dépasser et à négliger leurs propres besoins au profit de l'accommodement des autres. Cela peut conduire à des sentiments de ressentiment, d'épuisement professionnel et d'épuisement, exacerbant encore le cycle de réflexion excessive et compromettant la santé des relations.

En fixant des limites claires et affirmées dans les relations, les individus peuvent communiquer leurs besoins et leurs limites à leurs partenaires, se donnant ainsi les moyens de donner la priorité aux soins personnels et de protéger leur bien-être mental et émotionnel. Par exemple, les individus peuvent s'entraîner à dire « non » sans culpabilité, établir des routines régulières de soins personnels telles que l'exercice, la méditation ou l'expression créative, et communiquer ouvertement avec leurs partenaires sur leur besoin de temps ou d'espace seuls.

En plus de fixer des limites, donner la priorité aux soins personnels implique également de cultiver un plus grand sentiment de compassion et d'auto-compassion envers soi-même. Cela peut impliquer de pratiquer un discours intérieur compatissant, de s'engager dans des activités qui apportent de la joie et de l'épanouissement et de rechercher le soutien d'amis, de famille ou de professionnels de la santé mentale en cas de besoin.

En donnant la priorité aux soins personnels et en fixant des limites qui respectent leurs besoins et leurs valeurs, les individus peuvent cultiver un plus grand sentiment d'équilibre et de résilience dans leurs relations, se libérant du cycle de réflexion excessive et favorisant des modèles d'interaction et de connexion plus sains.

En conclusion, surmonter la réflexion excessive dans les relations nécessite une approche à multiples facettes qui englobe la pleine conscience et les techniques d'ancrage, les exercices de thérapie cognitivo-comportementale, ainsi que la fixation de limites et la priorisation des soins personnels. En incorporant ces stratégies pratiques dans leur routine quotidienne, les individus peuvent retrouver la tranquillité d'esprit et l'authenticité dans leurs relations, favorisant ainsi des liens plus profonds et un plus grand bien-être émotionnel.

Améliorer la communication et la confiance

Dans la recherche de relations plus saines et plus épanouissantes, une communication efficace et la confiance constituent le fondement sur lequel se construisent des connexions solides. Dans cette section, nous explorerons des stratégies pratiques pour améliorer les compétences en communication, rétablir la confiance et la vulnérabilité, et favoriser le soutien mutuel et la compréhension au sein des relations.

Compétences en communication efficaces

Une communication efficace est la pierre angulaire de toute relation réussie, fournissant la base sur laquelle la confiance, la compréhension et l'intimité sont cultivées. En perfectionnant leurs compétences en communication, les individus peuvent créer un environnement sûr et favorable où un dialogue honnête peut s'épanouir.

L'écoute active est un aspect clé d'une communication efficace. L'écoute active consiste à accorder toute notre attention à notre partenaire, en cherchant à comprendre son point de vue sans jugement ni interruption. Cela peut impliquer de paraphraser ou de résumer ce que notre partenaire a dit pour nous assurer que nous l'avons bien compris et valider ses sentiments et ses expériences.

Un autre aspect important d'une communication efficace est l'affirmation de soi. La communication assertive implique d'exprimer vos pensées, vos sentiments et vos besoins d'une manière claire et respectueuse, tout en respectant les droits et les limites de notre partenaire. Cela peut impliquer d'utiliser des déclarations « je » pour exprimer notre propre perspective, fixer des limites claires et affirmées et défendre vos besoins et vos désirs d'une manière constructive et non conflictuelle.

De plus, une communication efficace nécessite vulnérabilité et authenticité. En partageant nos pensées, nos sentiments et nos vulnérabilités avec notre partenaire de manière ouverte et honnête, nous créons une atmosphère de confiance et d'intimité où une véritable connexion peut prospérer.

En cultivant des compétences de communication efficaces, les individus peuvent créer une base solide pour des relations saines et épanouissantes, favorisant des connexions plus profondes et une compréhension mutuelle avec leurs partenaires.

Rétablir la confiance et la vulnérabilité

La confiance est la pierre angulaire de toute relation saine, servant de ciment qui unit les partenaires à travers les hauts et les bas de la vie. Cependant, lorsque la confiance est compromise ou brisée, elle peut créer des obstacles à l'intimité et à la connexion difficiles à surmonter.

Un aspect clé du rétablissement de la confiance est la transparence et l'honnêteté. Les individus doivent être prêts à reconnaître leurs erreurs et à assumer la responsabilité de leurs actes, tout en démontrant un engagement envers le changement et la croissance. Cela peut impliquer d'avoir des conversations difficiles avec notre partenaire, de s'excuser sincèrement pour tout préjudice causé et de faire un effort conscient pour rétablir la confiance grâce à un comportement cohérent et fiable.

Un autre aspect important de la reconstruction de la confiance est la vulnérabilité. La vulnérabilité implique de s'ouvrir à notre partenaire, de partager nos peurs, nos insécurités et nos luttes d'une manière authentique et authentique. En nous permettant d'être vulnérables, nous créons des opportunités de connexion et de compréhension plus profondes, jetant ainsi les bases d'une confiance qui sera reconstruite au fil du temps.

Il est important de noter que rétablir la confiance est un processus progressif qui nécessite de la patience, des efforts et l'engagement des deux partenaires. Cela peut impliquer de rechercher le soutien d'un thérapeute ou d'un conseiller pour résoudre les problèmes sous-jacents et développer des stratégies de communication et d'adaptation plus saines.

Soutien mutuel et compréhension

En plus de la communication et de la confiance, le soutien mutuel et la compréhension sont des éléments essentiels de relations saines et épanouissantes. En favorisant un sentiment d'empathie, de compassion et de solidarité avec notre partenaire, les individus peuvent créer un environnement favorable et stimulant où les deux partenaires se sentent valorisés, respectés et compris.

Un aspect clé du soutien mutuel est l'implication active dans la vie de notre partenaire. Cela peut impliquer d'écouter activement les préoccupations de notre partenaire et de lui fournir un soutien émotionnel et des encouragements en cas de besoin, de célébrer ses succès et ses réalisations et d'être là pour lui pendant les périodes d'épreuves ou de difficultés.

Un autre aspect important du soutien mutuel est l'empathie et la compassion. En nous mettant à la place de notre partenaire et en cherchant à comprendre son point de vue, nous pouvons favoriser un sentiment plus profond de connexion et d'empathie qui transcende les barrières de la réflexion excessive et de l'incompréhension.

En cultivant ces qualités de soutien mutuel et de compréhension, les individus peuvent créer une base solide pour leur relation, favorisant les liens et l'intimité émotionnelle avec leur partenaire. Grâce à une communication efficace, à la confiance, à la vulnérabilité et au soutien mutuel, les couples peuvent relever les défis d'une réflexion excessive et construire des relations plus saines et plus épanouissantes qui résistent à l'épreuve du temps.

Entretenir des relations saines

Les relations saines sont comme des jardins qui nécessitent des soins, des soins et de l'attention pour s'épanouir. Dans cette section, nous explorerons trois principes pour entretenir des relations saines : cultiver la gratitude et l'appréciation, accepter l'imperfection et l'acceptation, et avancer avec confiance.

Cultiver la gratitude et l'appréciation

La gratitude et l'appréciation sont de puissants antidotes aux effets corrosifs de la réflexion excessive et de la négativité dans les relations. En cultivant une attitude de gratitude envers notre partenaire et la relation, nous pouvons détourner notre attention de ce qui manque ou de ce qui est imparfait et nous tourner vers l'abondance et les bénédictions qui nous entourent.

Une façon de cultiver la gratitude et l'appréciation dans notre relation consiste à exprimer quotidiennement notre gratitude. Cela peut impliquer de prendre quelques instants chaque jour pour réfléchir aux choses que nous apprécions chez votre partenaire et d'exprimer notre gratitude verbalement ou par de petits actes de gentillesse et d'appréciation.

Un autre moyen efficace de cultiver la gratitude consiste à pratiquer la pleine conscience. En nous tournant vers le moment présent et en appréciant les joies et les plaisirs simples de la vie quotidienne, nous pouvons cultiver un plus grand sentiment de gratitude et de contentement qui se répercute sur nos relations.

En cultivant la gratitude et l'appréciation dans nos relations, nous pouvons créer un environnement positif et stimulant où l'amour et la connexion peuvent prospérer.

Embrasser l'imperfection et l'acceptation
Aucune relation n'est parfaite et chaque couple rencontrera des défis et des obstacles

en cours de route. En acceptant l'imperfection et en acceptant notre partenaire tel qu'il est, ses défauts et tout, nous pouvons favoriser un sentiment plus profond de connexion et d'intimité qui transcende le besoin de perfection.

Un aspect clé pour accepter l'imperfection est de pratiquer l'empathie et la compassion envers nous-mêmes et notre partenaire. Cela peut impliquer d'abandonner les attentes irréalistes et d'accepter que les deux partenaires sont humains et sont voués à commettre des erreurs de temps en temps.

Un autre aspect important de l'acceptation de l'imperfection est de favoriser un sentiment de vulnérabilité et d'authenticité dans notre relation. En nous permettant d'être vulnérables et en partageant nos peurs, nos insécurités et nos luttes avec notre partenaire, nous créons des opportunités de connexion et de compréhension plus profondes.

En acceptant l'imperfection et l'acceptation dans nos relations, nous pouvons créer un environnement sûr et favorable où les deux partenaires se sentent valorisés, acceptés et aimés pour qui ils sont.

Avancer en toute confiance

Enfin, entretenir des relations saines nécessite une volonté d'avancer avec confiance, même face à l'incertitude et aux défis. En cultivant un sentiment de confiance en nous-mêmes et en notre partenaire, nous pouvons naviguer dans les hauts et les bas de la vie avec grâce et résilience.

Un aspect clé pour avancer avec confiance est de pratiquer le pardon et d'abandonner les griefs du passé. S'accrocher au ressentiment et aux rancunes ne fait qu'empoisonner le mur de notre relation, entravant notre capacité à avancer et à grandir ensemble.

Un autre aspect important pour avancer avec confiance est de maintenir un sentiment d'espoir et d'optimisme pour l'avenir. En nous concentrant sur les aspects positifs de notre relation et en envisageant ensemble un avenir brillant et épanouissant, nous pouvons surmonter les obstacles et les défis avec un sens du but et de la détermination.

En entretenant des relations saines en cultivant la gratitude et l'appréciation, en acceptant l'imperfection et l'acceptation et en avançant avec confiance, les couples peuvent créer une base solide pour une vie d'amour, de connexion et de croissance.

Conclusion

Dans la tapisserie complexe de la connexion humaine, le voyage pour surmonter la réflexion excessive dans les relations est une profonde odyssée de découverte de soi, de résilience et de transformation. Alors que nous parcourons les chemins sinueux de notre cœur et de notre esprit, nous nous rappelons que le pouvoir de récupérer l'espace, l'authenticité et la joie dans nos relations réside en nous.

À travers les pages de ce livre, nous avons exploré les profondeurs de la réflexion excessive, démêlant ses racines, reconnaissant son impact et affrontant son emprise avec courage et conviction. Nous avons découvert des stratégies pratiques pour nous libérer du cycle de la rumination, favoriser des modèles de communication et de confiance plus sains et nourrir les graines de l'amour et de la connexion au sein de nos relations.

Mais au-delà de la simple acquisition de connaissances se trouve l'invitation à incarner ces enseignements, à incarner l'essence de la pleine conscience, de la compassion et de la vulnérabilité dans nos interactions avec nos partenaires et avec nous-mêmes. C'est grâce à la pratique quotidienne de la gratitude et de l'appréciation, à l'acceptation de l'imperfection et de l'acceptation, et à l'engagement indéfectible à avancer avec confiance que nous pouvons cultiver des relations fondées sur l'authenticité, la résilience et l'amour.

Alors que nous disons adieu à ces pages, emportons avec nous la sagesse et les idées glanées au cours de notre voyage – un phare de lumière pour nous guider à travers les épreuves et les tribulations de l'amour et de la connexion. Puissions-nous embrasser chaque instant avec un cœur ouvert et un esprit curieux, sachant que la véritable libération ne réside pas dans l'absence de réflexion excessive, mais dans notre capacité à naviguer sur ses eaux avec grâce et résilience.

En fin de compte, rappelons-nous que la transformation la plus profonde ne se produit pas dans la destination, mais dans le voyage lui-même – un voyage de découverte de soi, de croissance et d'évolution qui se déroule à chaque pas que nous faisons vers plus d'authenticité, de connexion et d'amour. .